사의재에게 아학편을 떼다

2016

• 이 도서의 국립중앙도서관 출판시도서목록(CIP)은 서지정보유통지원시스템 홈페이지(seoji.nl.go.kr)와 국가자료공동목록시스템(www.nl.go.kr/kolisnet)에서 이용하실 수 있습니다. (CIP제어번호: CIP2016021781)

사임재에게
막학편을 떼다

김재석 시집

사의재

시인의 말

　강진의 문화와 자연에 대하여 문학과 스토리텔링을 접목한 시를 너무 많이 썼기에 이젠 나의 상상력도 고갈이 되었으리라 생각했는데 또다시 『사의재에게 아학편을 떼다』라는 시집을 발간하게 되었다. 내가 생각해도 '내가 너무한다'는 생각이 든다. 하지만 나도 어쩔 도리가 없다. 강진으로부터 달아나고 싶어도 달아날 수가 없으니.

　구체적으로 이야기하면 『강진』, 『조롱박꽃 핀 동문매반가』, 『강진시문학파기념관』, 『무위사 가는 길』, 『그리운 백련사』, 『당당한 영랑생가』, 『그리운 강진만』, 『모란을 위하여』 그리고 시조집 『내 마음의 적소, 동암』이 강진에 관한 시집이다. 이 시집들은 모두가 다 강진에 대한 시만으로 이루어졌다, 단 한 편도 예외가 없다.

　『사의재에게 아학편을 떼다』라는 시집보다 먼저 태어났지만 아직까지 발행하지 못한 강진에 관한 시집은 『달맞이마을』, 『백운동별서』, 『비췻빛 하늘가마로 구운 시』, 『시로 만나는 우두봉과 구강포의 자식들』이다. 불행히도 이 시집들은 서랍에 갇혀 마냥 나에게 불만을 토하고 있다. 앞서 출간한 시집들로 인하여 곳간이 빈 지 오래이다.

이번 시집에는 부록으로 다산 정약용의 아학편을 실었다. 목심 박준상 시인이 소장하고 있는 열수 정약용의 『아학편』을 한 글자 한 글자 들여다보면서 2,000자 모두를 옮겨 적었다. 나중에 『다산 정약용의 아학편 쓰기』를 만나 음훈을 다는데 크게 도움을 받았다. 저자인 박연호 교수님과 출판사 북이데아에 감사드린다. 그분들 덕에 여러 달 동안 아학편을 옮겨 적은 나의 수고가 헛되지 않았다.

「사의재에게 아학편을 떼다」라는 시가 이 시집에 실려 있다. 그 시에 대해 약속을 이행하려는 것처럼 이번 시집에 부록으로 실린 아학편을 틈나는 대로 들여다보며 열수 정약용의 마음을 읽을 것이다. 이 보잘 곳 없는 시집에 한몫하려고 다산에게 일사이적의 슬픔이 있었다. 인과란 묘한 것이다. 그의 반반한 슬픔이 나로 하여금 한 권의 시집을 낳게 하다니.

2016년
작시치作詩癡 김재석

차례

사의재에게 아학편을 떼다

시인의 말

1부
시가 돌아왔다 15
보은산방에 기대어 17
죽섬이 고성사에 다녀가다 19
보은산 뻐꾹새 21
보은산 소쩍새 23
고성골 방죽 25
가을 낮잠 26
바통 27
즐거운 도둑질 28
영랑생가 대밭 동백나무와 민들레 29
불륜 30
돌담, 담쟁이, 빗방울 그리고 나 32
돌담과 햇발 34
시문학파기념관 36
예언자, 서문정 사장나무의 눈빛 전언 38
고성골 방죽 가는 길 40

낙화정落花亭 42
현구생가 44
새동네 45
산비둘기 47
느티나무 48
깐치냇재 벚꽃 50
다강多康과 예향藝鄉 52

2부
사의재四宜齋에 띄우는 편지 57
사의재 돌담 59
사의재의 여름 61
사의재가 코를 골다 63
사의재가 등목을 하다 65
사의재가 책에서 손을 놓지 않는다 66
사의재 팽나무 68
사의재 살구나무 70
사의재 배롱나무 72
사의재 석류나무 74
꿈길에 사의재를 만나다 76
사의재가 내게 삼근계를 내리다 78
사의재에게 아학편을 떼다 80
사의재 한옥체험관의 품에 안겨 봐라 82
사의재 장독 84
눈 내리는 사의재 86

종갓집 88
동문매반가에 다 모이다 90
동문매반가에서 만날 수 있다 92
동문안 큰샘 팽나무 94
일속산방이 사의재를 뵙고 가다 96
다녀가다 98
마실 99
면목없다 100

3부

대구면사무소 단풍나무 103
청자 105
강진만 고니 떼 107
구강포가 귀띔해 주다 109
구강포가 나를 방문하다 110
가을에는 정신이 없다 112
가을이 잠수 중이다 114
백일홍꽃이 물러나는 이유는 115
배롱나무와 단풍나무가 만나면 116
낮잠 118
다산초당 매미 120
다산초당 만나러 가는 길 121
열수의 슬픔 123

4부

석문은 문이 없다 127
명발당明發堂이 내 눈에 뛰어든다 129
명발당이 나를 성가시게 한다 131
상사화相思花 133
주작산朱雀山 진달래 134
조석루朝夕樓를 위하여 136
주작이 형인가, 덕룡이 형인가 140
강진은 저명인사가 많다 142

부록 洌水(茶山) 丁若鏞의 兒學編 145

---

* 이 책에 실린 사진자료는 강진군청 기획홍보실 김종식 주무관님,
  제자는 백사 윤정식 선생님으로부터 제공받았습니다.

四宜齋者 余康津謫居之室也 思宜澹 其有不澹 尙亟澄之 貌宜莊 其有不莊 尙亟凝之 言宜訒 其有不訒 尙亟止之 動宜重 其有不重 尙亟遲之 於是乎名其室曰四宜之齋 宜也者義也 義以制之也 念年齡之遒邁 悼志業之頹廢 冀以自省也 時嘉慶八年冬十一月辛丑初十日日南至之日 寔唯甲子歲之攸起也 是日讀乾卦

사의재는 내가 강진에서 귀양살이 할 때 거처하던 방이다. 생각은 마땅히 맑아야 한다. 맑지 않으면 당장 맑게 해야 한다. 용모는 마땅히 바르게 해야 한다. 바르지 않으면 당장 바르게 해야 한다. 말은 마땅히 적게 해야 한다. 말이 많으면 당장 그쳐야 한다. 행동은 마땅히 무거워야 한다. 무겁지 않으면 당장 늦추어야 한다. 이에 그 방의 이름을 '사의재四宜齋'라 하였다. 마땅하다는 것은 바르다는 의미이기에 바름으로 조절하는 것이다. 생각해 보니 나이 들면서 불행하게도 뜻한 사업이 실패하여 스스로 반성할 뿐이다. 그날은 가경嘉慶 8년(1803년) 겨울 11월 신축일(초열흘) 동짓날로 갑자년(1804년)이 시작되는 날이었다. 그날 『주역』의 〈건괘〉를 읽었다.

사의재기四宜齋記, 정약용

1부

시가 돌아왔다

집 나간 시가
은유와 환유를 옆구리에 차고
돌아왔다

나를 버리고 떠날 땐
다시는 돌아오지 않을 것 같던 시가
짐승을 사로잡은 사냥꾼처럼
돌아왔다

집 나갔다 돌아온 시는
나의 나중 형편을
나아지게 할 것인가,
나빠지게 할 것인가

외롭고 낮고 쓸쓸한
나와 동고동락하다가
나를 같잖게 여기고 떠난 시가
돌아왔다

돌아온 시여,
차라리 나를 죽여라

죽여

아무런 쓰잘머리 없는 시가
은유와 환유를 옆구리에 차고
의기양양하게
돌아왔다

보은산방에 기대어

일사이적一死二謫에 가위 눌려 넘어진
열수라는 이름의 조선 사내를
주역과 예기가
다시 일으켜 주었지

먼 바다 우이도에 절도안치된
손암의 소식은
구강포의 죽섬이
열수에게 눈빛으로 전해 주었지

을미년 정월 초하루 어머니 잃은
나의 슬픔은
주역과 예기의 몫이 아닌데
무엇이 치유해 줄까

먼 바다 아닌
이승을 떠난 어머니의 소식은
죽섬에게 들을 수 없는데
누가 또 전해 줄까

보은산 어깨 위 하늘 나는 기러기 떼가

나의 슬픔을 치유해 주고
어머니의 소식을 전해 줄까,
한꺼번에

* 일사이적一死二謫: 신유사옥으로 정약종은 죽고 정약전과 정약용이 유배된 것을 가리킴

죽섬이 고성사에 다녀가다

고성사 범종이
당목으로
제 몸을 때려 죽섬에 다녀간다는
소리는 들었어도
죽섬이 고성사에 다녀간다는 소리는
못 들었지

죽섬은
눈빛으로
고성사에 다녀가는 것을

고성사 범종각은 물론
대웅전 심우도와 보은산방을 둘러보며
그 내력까지
다 섭렵하고 돌아가는 것을

돌아가서는
그걸 혼자만 알고 숨기는 게 아니라
구강포가 낳은
가우도, 비래도, 까막섬에게
눈빛으로 다 전해 주는 것을

가우도, 비래도, 까막섬은
고성사와 눈빛을
직접 주고받은 적은 없어도
죽섬 덕에
고성사에 대하여 해박한 것을

세상은 넓고도 좁은 것을
가우도, 비래도, 까막섬이 죽섬을 닮아
전해 들은 이야기를
혼자 간직하지 않고
이웃들에게 전수하여
디도해의 섬들이 고성사를 다 아는 것을

죽섬이
고성사에 다녀간다는 소리는
처음 들었지

보은산 뻐꾹새

해와 달이 바통을 주고받듯
뻐꾹새와 소쩍새가
바통을 주고받았는데
어제, 오늘 뻐꾹새가 울지 않는다

보은산 뻐꾹새에게
무슨 변고라도 생겼나
칠월도 다 안 지났는데
벌써 먼 나라로 떠났을 리가 없다

잠시 무슨 볼 일 있어
소쩍새에게 양해를 구했다면
잠시 다른 산으로 마실 나갔다면
그나마 다행이건만

뻐꾹새가 울지 않는 사연을
나만 궁금해 하는 것이 아니라
고성사 가는 길에 만난 꽃나무들이
다 궁금해 하지 않는가

바통을 받아줄 이가 없으니

뭐가 신이 나겠는가만
소쩍새는 제 임무를 다하느라
밤을 새는 것을

소쩍새의 양해를 구해
하루 이틀은 자리를 비워도
사흘이 지나면 문제가 있다
내일이라도 돌아와 바통을 받으면 좋겠다

보은산 소쩍새

바통을 주고받던 보은산 뻐꾹새는
소리를 하지 않고
보은산 소쩍새만
밤이면 소리를 한다

보은산 뻐꾹새가
임무를 소홀히 하는 게 아니라
먼 나라에 돌아갈 준비를 해야 하기에
보은산 소쩍새가 다 이해를 한다

엉덩이가 가벼운 보은산 뻐꾹새는
철따라 먼 나라를 왔다 갔다 하지만
엉덩이가 무거운 보은산 소쩍새는
그러지 못한다

보은산 뻐꾹새가 소리를 그친 뒤에도
팔월 한가위 지난 며칠 뒤까지도
보은산 소쩍새는
소리를 한다

보은산 뻐꾹새와 바통을 주고받을 때는

신이 났지만
바통을 주고받지 않은 뒤에는
신이 나지 않는다

고성골 방죽

그 많은
보은산 소쩍새 울음소리가
어디로 흘러갔나 했더니

그 많은
보은산 뻐꾹새 울음소리가
어디로 흘러갔나 했더니

그 많은
보은산 꽃나무들의 향기가
어디로 흘러갔나 했더니

그 많은
보은산 풀꽃들의 향기가
어디로 흘러갔나 했더니

가을 낮잠

지금이 어느 땐데
보은산 뻐꾹새 울음이
이제야
나를 찾아오는가

보은산 뻐꾹새는
못 말려

멀다면 멀고
가깝다면 가까운
고향

보은산 뻐꾹새 울음이
나를 찾아 헤매다가
결국은
나를 찾은 건가

바통

보은산 소쩍새가 울음을 토하고 나면
바통을 받은
보은산 뻐꾹새가 울음을 토하고

보은산 뻐꾹새가 울음을 토하고 나면
바통을 받은
보은산 소쩍새가 울음을 토하고

보은산 소쩍새 바통을 받으러
먼 나라에서
헐레벌떡 왔다가

바통을 뉘 나게 주고받은 뒤에
훌쩍 떠나는
보은산 뻐꾹새는 그짓을 대^{代}를 이어 되풀이하지

즐거운 도둑질

당당한 영랑생가,
모란과 돌담
눈에 담아오기

조신한
무위사 극락보전,
아미타삼존불 팽나무와 느티나무
눈에 담아오기

무심한 백운동별서,
12승사
눈에 담아오기

반반한 다산초당,
다산 사경
눈에 담아오기

도도한
청자박물관,
비췻빛 하늘가마로 구운 청자들
눈에 담아오기

영랑생가 대밭 동백나무와 민들레

영랑생가 대밭
동백나무 동백꽃 한 송이가
민들레 홀씨에 떨어졌다

민들레 홀씨
미리 봐두었다가
겨냥하여 떨어진 건가

아무 생각 없이
떨어진 곳이
민들레 홀씨였던가

민들레 홀씨에 떨어진
동백꽃의 마음을
읽을 수 있는 사람은 어디에

영랑생가 대밭
민들레 홀씨에
동백꽃 한 송이가 떨어졌다

불륜
— 영랑생가, 은행나무 수나무와 능소화

은행나무 수나무와
능소화가
불륜 중이다

은행나무 암나무가
질투할
엄두를 못 내고 있다

능소화가
장신구라고
암나무도 아닌 수나무가 억지를 부린다

머리핀,
귀걸이,
반지,
팔찌,
브로치

은행나무 암나무에게
잘 보이려는
장신구라고 둘러댄다

능소화와
은행나무 수나무는
불륜 중이다

돌담, 담쟁이, 빗방울 그리고 나
— 비 오는 날, 영랑생가에서

질투심 많은
담쟁이가
햇발과 돌담을 갈라놓은 줄 알았더니

빗방울에
돌담이 농간 당하는 것을
막아주는 것 봐

돌담의
보디가드가
담쟁이인 것을 이제야 깨닫다니

더불어
빗방울이
담쟁이를 타악기 삼는 것을

돌담도
담쟁이도
빗방울도 다들 유감이 없는 것을

돌담이

햇발로만 만족하지 못한 줄 알았더니
담쟁이가 보디가드라니

이 모든 걸
남몰래 눈에 담는
나의 오지랖도 만만치 않는 것을

돌담과 햇발
— 영랑생가

1

돌담 가까이서 해바라기하다가
먼 걸음 한 햇발이
돌담에 소색이는 소리를
들었네

My love tree in your heart,
You live in me

햇발의 소색임에
몸이 달은 돌담이
햇발에 응답하는 소리를
들었네

Love me tender,
Love me sweet

2

내숭을 떨던 돌담과 반반한 햇발이

진하게 이야길 나누니
괜히 내게 닭살이 돋는 것을
괜히 내게 닭살이 돋는 것을

* 돌담에 소색이는, My love tree in your heart, You live in me, Love me tender: 영랑의 시구, 로렌스의 소설 '아들과 연인', 애니메이션 '라이언 킹', 팝송 'Love me tender'에 나오는 구절을 차용 또는 변용하였다.

시문학파기념관

'순수서정'의 대명사인
시문학파가
다시 뭉쳤다

영랑생가와
골목을
사이에 두고
다시 뭉쳤다

시문학파를 위하여
금서당琴書堂 가는 길의
계곡은 자신을 스스로 메꾸고
수목들은 잠시 투덜대다가
물러났다

살아서는
다 함께 뭉친 적이 없건만
죽어서
다 함께 뭉쳤다

영랑, 현구가 마중 나온

강진까지
먼 걸음 한 길에
불상사가 한 차례도 없었다

여장을 푼 지 오래
이제는
원고지 앞에
다들 생각에 잠겼다

살아생전
죽은 뒤에 함께 뭉치자고
약속이나 한 듯이
똘똘 뭉쳤다

예언자, 서문정 사장나무의 눈빛 전언

나를 지나야만
너는 집에 이를 수 있으니
그대와 나 사이는
운명인 것을
이순에 이르러도 분노를 잠재우지 못하다니

네가 가졌던 꿈을
송두리째 도난을 당한다 하더라도
분노하지 말지니
분노는 분노에 연하여
끝이 없는 것을

분노는 분노에 연하여
덧이 나
증오로 변할 수 있는 것을,
절망이나
죽음으로 나가떨어질 수 있는 것을

분노도
유통기한이 있는 것을
유통기한을 넘긴 분노가

이리도 반반하니
오해 사지 않을 수 없지

나를 거치지 않고는
너는 집에 다다를 수 없으니
그대와 나 사이는
운명인 것을
이순에 이르러도 분노를 잠재우지 못하다니

고성골 방죽 가는 길

좋은 구석 하나 없는 나를
눈독들이는 이들이
한둘이 아니니

길가 좌우에서
벚꽃,
조팝나무,
철쭉,
참꽃,
유채,
장다리가
나를 하염없이 바라보니

큰개불알풀,
광대나물,
냉이,
별꽃이
나를 눈독들이고 있으니

내가 한눈팔았다가는
오해받기 십상이기에

고개 숙이고
앞만 보고 가야 하니

한눈팔았다가는
금방 소문나니

낙화정 落花亭

사라진 낙화정이
다시 돌아온다 할지라도
낙화정은
구설수에 오르게 생겼다

자신을 노래한 현구가
버버리깎음에서
죽창에 찔려 죽도록
방치하였으니

위험을 무릎쓰고서라도
말릴 일이지
아무리 인공치하라고
현구 하나 구하지 못하다니

면사무소 직원으로
세금 걷은 것은
맡은 바 책임을 다한 것에
불과하니

원한을 가진 사람들이

죽입시다, 하면
본의 아니게 한 일이라고
몸으로라도 말릴 일이지

증발한 낙화정이
다시 돌아온다 할지라도
낙화정은
욕먹게 생겼다

* 낙하정落霞亭이라는 설도 있다. 김현구 시집에는 落花亭으로 되어 있다.

현구생가

현구생가가
돌아온 게 아니다

누가 살았어도
현구생가이다

누가 살아도
현구생가이다

언제나 외로운 갈매기인
현구생가이다

검정 비둘기와 무상을 낳은
현구생가이다

한번 현구생가는
영원한 현구생가이다

현구생가가
다시 살아난 게 아니다

새동네

강진의원 옆 영일세탁소
골목길 따라
자비원 가는 길 좌우에
얼굴 내밀었지

길이 뻥뻥 뚫리고
반반한 집들이 들어서니
문자 그대로
상전벽해桑田碧海이네

자비원 원장 아들
친구 홍순이와 붙어 다니느라
새동네 골목과
친하게 지내야 했지

강진중앙초등학교 동기동창인
자비원과 동고동락한
삼기, 운수, 경남이는
지금 어디에서 무얼할까

세월이 흐르면 잊혀지건만

불쑥불쑥 얼굴 내미는 새동네
내 마음에서
떠날 생각을 않네

산비둘기

구구팔십일
구구팔십일
구구팔십일
구구팔십일
구구팔십일
구구팔십일
구구팔십일
구구팔십일
구구팔십일

느티나무

강진 경찰서
담장 밖 신작로에
나이들어
정신이 오락가락하는 느티나무를 만났다

노안老眼으로
나를 잘 알아보지 못하는
느티나무에게
나를 알아보게 하느라 애 많이 먹었다

소싯적 경찰서 앞 지나가면
나보다 인사성 밝다고
느티나무가
눈빛을 보내곤 하였다

시대의 산 증인인
느티나무가
세월을 이기지 못하고
약으로 연명하고 있었다

나이들어

정신이 오락가락하는
느티나무를 두고 떠나는
나의 발길이 무거웠다

깐치냇재 벚꽃

민낯이던
산山이
뭔가 사연이 있어
파운데이션을 한 것을

그게 아녀
그게 아녀

상처 난
산의 머리
곳곳에
반창고를 붙인 것을

몇 군데
심한 데는
붕대를
감은 것을

그게 아녀
그게 아녀

하늘의 꽃구름이
떼거리로
무전여행 중인
것을

다강^{多康}과 예향^{藝鄕}

우두봉과 구강포가 낳은
영랑생가, 다산초당, 무위사, 백련사
고려청자박물관, 하멜기념관
강진 저명인사들의 명예를
실추시키지 않기 위하여
애쓰고 있다

타지역 이름난 한정식도
범접 못할 정도로
양과 질에 있어
탁월하다

주작의 하늘 아래
강진산 해와 달, 별빛이 기른
반반한
육류, 해산물 그리고 채소가
뒤에서 꽉꽉 밀어주고 있다

오감통이
오감통인 것은
다강과 예향이 둥지 틀고 있기 때문이다

우두봉과 구강포가 낳은
백운동별서, 시문학파기념관, 한국민화박물관
병영성, 정수사, 옴천사
강진 저명인사들의 위신을
실추시키지 않기 위하여
애쓰고 있다

2부

사의재四宜齋에 띄우는 편지

길 가다 동백꽃과 마주치면
섣달 아니어도
언제나 생각나는
슬픔의 조련사인 사의재여

군현안치일망정
동문매반가가 입양한 그대는
섣달에 핀 동백꽃 보고
마음을 다잡았는데
섣달에 진 동백꽃도 함께 보는 저는
마음을 어떻게 해야 하나요

오래된 미래인 그대와
다가올 과거인 제가
시대를 달리하기에 시중時中에 따라야 하나
답이 서로
그리 멀지 않을 것 같은데

내 마음은
이순의 강을 건넌 뒤에도
자리를 잡지 못하고

부초처럼 떠돌고 있으니

입을 봉한 지조 있는 산은
내게 해 준 게 없으나
입이 싼 지조 없는 물이
나의 목숨을 지탱해 주니 이 또한
무슨 연유인가요

* 사의재四宜齋: 신유사옥으로 유배를 간 다산이 강진에 도착하여 다산초당으로 가기 전에 살았던 곳의 당호이다. 四宜란 마땅히 지켜야 할 네 가지란 뜻이다.
* 오래된 미래: 헬레나 노르베리 호지의 작품 제목을 차용하였다.

사의재 돌담

영랑생가 돌담이
호화 양장본이라면
사의재 돌담은
소박한 페이퍼 북이다

군현안치된 사의재 돌담에게
햇발이
뭐라 소색이는지
나도 궁금하다

영랑생가 돌담에게
소색이는 내용과
사의재 돌담에게
소색이는 내용이 다르리라

사의재 돌담이라고
사랑을 나누지 말라는
법이 없다는 걸
누구보다 잘 아는 나이다

앞날을 알 수 없는

사의재 앞에서
진한 애정 행각은 하지 않을 것이다,
햇발도

사의재의 여름

삼근계
가슴에 새긴 매미가
아학편을 떼느라
정신이 없다

아학편을
한 글자도 빠뜨리지 않고
한 글자도 틀리지 않고
외우고 또 외운다

매미는
아학편을 외우느라
제 목소리에
가는 귀 먹었을지도 모른다

가는 귀 먹을 위기에 처한
팽나무가
수련이
궂은소릴 하지 않는다

매미 덕에

팽나무는
수련은
아학편을 저절로 익힌다

삼근계
가슴에 새긴 매미가
아학편을 섭렵하느라
정신이 없다

* 삼근계三勤戒: 다산이 제자인 山石(황상)에게 준 면학문이다. 첫째 외우는 게 빠르면 재주만 믿고 공부를 게을리 하는 폐단이 있다. 둘째 글재주가 뛰어나면 속도는 빠르지만 글이 부실하게 되기 마련이다. 셋째 이해가 빠르면 한번 깨친 것을 대충 넘기고 마니 깊이가 없는 경향이 있다. 둔한 데도 계속 열심히 하면 지혜가 쌓이고, 막혔다가 뚫리면 그 흐름이 성대해지며, 답답한 데도 꾸준히 하면 그 빛이 난다. 둔한 것이나 막힌 것이나 답답한 것이나 모두 다 부지런한 것으로 이겨내야 한다.

사의재가 코를 골다

하루 종일
책이나 붙들고
아이들이나 가르치는
사의재가 코를 곤다

골아도
대개 곤다

사의재의 코고는 소리에
잠 못 이룬 주막이
중얼거린다

- 저 어른의
유배길이 험난한 것 사실인데
아직까지
여독이 안 빠졌단 말인가

- 아니면
일사이적의 꿈길에
가위눌린 것인가

주막이
중얼거리나 마나
사의재의 코고는 소리가
주막을
들어올렸다, 내려놓았다 한다

사의재가 등목을 하다

달밤에
사의재가 등목을 한다

사의재가
오른손, 왼손 바꿔가면서
등목을 한다

사의재의 등에서
달빛, 별빛이 부서진다

아학편을 낳느라
상례 연구를 하느라
일사이적의 슬픔에서
잠시 벗어난
사의재가 등목을 한다

물 끼얹는 소리에 잠이 깬
동문매반가 주막이
모른 척 한다

사의제가 웃통을 벗고
등목을 한다

사의재가 책에서 손을 놓지 않는다

사의재가 책에서 눈길을 돌리지 않는다

동문매반가 들랑거리는 발걸음 많아
한번쯤
눈길을 돌릴 수도 있으련만
사의재가 눈길을 돌리지 않는다

무슨 책을
저리 들이파는지

나이 많은
팽나무는 알까
석류나무는 알까

도대체
무슨 책을
저리 들이파는지
물어볼 수가 없다,
너무 열중이어

진즉

상례연구는 끝낸 걸로
내가 알고 있는데
사의재가 책에서 손을 놓지 않는다

사의재 팽나무

사의재가
사의를 입으로만 앞세우는 게 아니라
사의를 실천하고 있는 걸
보디가드인 팽나무가 입증해야

어디 마실 안 나가고
못박혀 있듯
그냥 그 자리에 서 있는 팽나무가
사의재의 일거수일투족을
다 지켜보고 있어야

팽나무가
자기를 지켜보고 있는 걸
눈치 챈 사의재가
구설수에 오를 일은 하지 않지

신독을 가슴에 새긴 사의재가
팽나무가 지켜본다고 해서
사의를 지키고
팽나무가 지켜보지 않는다 해서
사의를 어기는 것도 아니지

한번
사의재는 영원한 사의재란 걸
사의재의
보디가드인 팽나무가 입증해야

* 신독愼獨: 홀로 있을 때에도 도리에 어긋남이 없도록 언행을 삼감.

사의재 살구나무

사의재가
자신에게 거는 기대가
크다는 것을
살구나무는 알고 있을까

눈도 즐겁고
입도 즐겁게 해 주는 이가
살구나무 말고
누가 또 있는가

슬픔의 대명사인
사의재가 슬픔을 덜어내는데
한몫을 할 수 있는 이는
오직 살구나무가 아닌가

사의재 살구나무가
다른 곳의 살구나무와
다른 것은
사의를 갖추었기 때문이여

자신에게

사의재가 거는 기대가
크다는 것을
살구나무는 알고 있을까

사의재 배롱나무

많이
힘들다

생각은
맑고,
용모는
엄숙하고,
말씨는
과묵하고,
행동은
신중해야 하니

어린 나이에
어른의 생각을 가지고 살아야 하니
그야말로
힘들다

피고 지고
피고 지고

상처를

안으로 숨기다 보면
사의는
저절로 갖추어지나

좌우지간
규격에 맞춰 살아야 하는
삶은
힘들다

사의재 석류나무

익으면
이빨이 다 드러나게 마련인 것을

엄숙한 용모
신중한 행동을
요구하지만
익으면
입이 벌어지게 마련인 것을

만인이 보는 앞에서
입이 벌어졌다 해서
생각이 맑지 못하고
말씨가 과묵하지 못한 것이 아닌 것을

나이 들어서도
꽃을 피우고
나이 들어서도
열매를 저절로 맺듯이

저절로
저절로 이루어지는 일들을

힘으로
막을 수 없는 것을

누가 쳐다본다고 해서
드러난 이빨을 숨길 수도 없는 것을

꿈길에 사의재를 만나다

눈 내리는 날,
꿈길에 사의재를 찾아뵀다

오랜만에
아학편 제쳐놓고
눈을 맞으며 노는 아이들을
사의재가 지켜보고 있었다

마당에서 놀던
사의재의 읍중 제자들이
사의재와 함께
일제히 나를 쳐다보았다

나를 쳐다보는
댕기머리 아이들 중에
삼근계 가슴에 새긴
산석山石이 있을 것이다

황당한 나의 외모에 놀라
사의재의 가슴으로 뛰어드는 아이들이
손병조, 황상, 황취, 황지초,

이청, 김재정이 틀림없다

제자로 받아달라고 찾아온 나를
알아보지 못하고
사의재가 뒷모습을 보이는 바람에
잠에서 깼다

사의재가 내게 삼근계를 내리다

아학편 떼지 못해
방문할 때마다
사의재의 눈치를 보던 내가
한옥체험관에 당당하게 안기기로 하였다

나도 부모가 챙겼으면
아학편 떼고도 남지
부모가 가르치지 않은 걸
누구 탓을 하랴는 생각이 앞섰다

사의재,
한옥체험관에서 일박을 하는데
꿈길에서 만난 사의재가
이순인 내게 삼근계를 내렸다

네 나이가 어때서
네 나이가 어때서

내 눈빛을 읽은 사의재가
지금도 늦지 않았다고
삼근계를 내게 내리는데

내 힘으로 물리칠 길이 없었다

사의재가 이미 삼근계를 내렸으니
무를 방법은 없고
죽으나 사나
아학편부터 떼야겠다

사의재에게 아학편을 떼다

나를 만날 떼마다
아학편도 떼지 못한 놈이라고
나를 무시하는 사의재를 납치하여
내 눈에 담아왔다

하루에 이십 자씩
백일기도하는 셈치고
사의재에게 특별과외를 받아야겠다고
작심한 것이다.

사의재를
내 눈에서 꺼냈다, 담았다 하며
한철을 아학편 강의를 받는다는 게
어디 쉬운 일인가

나이 탓으로
순발력이 떨어진다는 생각이 들 때면
내 나이가 어때서,
내 나이가 어때서를 되풀이하였다

한때 잘 나가던 과외선생인

사의재가 신바람이 나
아학편은 물론 소학까지
나를 가르쳤다

내 눈에 붙들린 사의재가
돌아갈 생각도 않고
열강을 하는 바람에
여러 날 앞당겨 아학편을 뗐다

사의재 한옥체험관의 품에 안겨 봐라

사의재 한옥체험관
마당에 들렀다 가기만 해도
손해 날 게 없는
장사이니

사의재 한옥체험관
방문만 열어보고 가도
남는 장사이니

사의재 한옥체험관의
품에 안겨
일박하면
그 장사는 어떤 장사이겠는가

자고 일어나면
맑은 생각,
엄숙한 용모,
과묵한 말씨,
신중한 행동은
저절로 몸에 스며드는 것을

운 좋으면
꿈길에
삼근계의 주인공인
치원 황상을 만나
나이 불문하고
삼근계 바통을 받을 수도 있는 것을

되도록
사의재 한옥체험관 품에 안겨
일박하라,
맛만 보고 가려 말고

사의재 장독

장독대의 옹기가
왕후장상이 있는 것도 아니고
장유유서가 있는 것도 아니고
오직 있는 거라곤 키순이다
소풍 가서 단체 사진 찍듯이
수학여행 가서 단체 사진 찍듯이
키 큰 옹기는 뒤에 서고
키 작은 옹기는 앞에 서 있다
내가 궁금한 것은
옹기들의 저 마다 맡은
역할이 무엇인가이다
남의 집 살림살이,
옹기의 뚜껑을 열어볼 수 없으니
함부로 열어보았다간
된장이나 간장 도둑으로
오해 살 수 있으니
판도라의 상자처럼 열어서는 안 된다
사의재 이름 더럽히지 않게
맑은 생각, 엄숙한 용모,
과묵한 말씨, 신중한 행동
어느 것 하나 빠뜨리지 않고

다 지키고 서 있는
옹기들을 눈에 담아가면 된다

눈 내리는 사의재

한지가 동난 사의재에게
한지를 마련해 주려는 듯
눈이
사의재를 방문한다

사의재가 불렀는지
눈이 알아서
사의재를 찾았는지,
누구 아는 사람 없나

눈이 알아서 찾았다면
사의재가
한지가 동난 걸
어떻게 알았을까

사의재, 사의四宜의 뜻이
무엇인지
방문하는 저 눈이
알고나 있는지

눈이 한지를 마련해 주려

방문하는 걸
이미 알고 있었다는 듯이
사의재가 눈을 맞이한다

종갓집

조선실학의 종갓집은
다산초당이 아니라
사의재이다

보은산방에게
이학래가에게
물어보나 마나
사의재이다

다산초당이 들으면
서운할 수 있으니
다산초당에게는 묻지 않는 게
좋다

행색이
초라해도
종갓집은
종갓집이다

자신이
종갓집이라고

사의재가
말을 뱉은 적은 없다

조선실학의 종갓집은
동문매반가가 입양한
사의재이다

동문매반가에 다 모이다

사의재가 주동하여
보은산방, 이학래가, 다산초당,
일속산방, 백운동별서가
동문배반가 주막에 모였다

한때 의기투합하였던 동료들이
함께하여
추억의 족자를 펼치는데
그때 그 시절이 그리울 수밖에

조선실학을 집대성하는데
저마다 한몫한 저명인사들이
공로를 다투지 않는 것을 보면
교육 한번 잘 받았다

아욱국에 매생이전으로
막걸리 잔이 오고가기 전에
노규황량사露葵黃梁社의 주인공인
일속산방이 건배사를 한다

일속산방이

'조선실학을'하니
모두 다 큰소리로
'위하여'한다

사의재의 사회 아래
동문매반가 주막에 모인
강진의 저명인사들이
밤 깊도록 추억을 되새김질한다

* 일속산방一粟山房:'좁쌀 한 톨만 한 작은 집'이라는 의미로 강진군 대구면 천개산 백적동에 있으며 치원 황상이 살던 곳이다.
* 노규황량사露葵黃粱社: 작자미상의 이 서첩은 다음과 같은 일화가 전해지고 있다.
다산의 제자 황상이 머무르고 있는 대구면 항동의 일속산방을 다산과 추사가 찾아가서 하룻밤을 묵게 되었다. 다음 날 아침 기장으로 지은 밥에 아욱국으로 식사를 대접받았다. 이애 다산이 "남쪽 밭에 이슬 젖은 아욱을 꺾고, 동쪽 골짜기 누런 조를 밤에 찧는다."는 뜻인 "남원노규조절, 동곡황량야춘南園露葵朝折, 東谷黃粱夜舂"이라는 시를 지었다. 그러자 곁에 있던 추사가 '노규露葵'와 '황량黃粱'을 가리고 사社를 붙여서 제액題額을 써주었단다.
하지만 '노규황량사露葵黃粱社'는 서부금계書付琴季라는 부전지로 보아 추사가 해배된 1848년 이후 어느 날 추사를 방문한 윤종진 편으로 황상에게 써 보낸 것이다. 그러한 근거는 다산은 76세(1836)로 이미 세상을 떠났고, 제주 유배시절 이미 추사는 황상을 알고 있었기에 해배길에 황상을 찾아갔으나 황상이 마현을 가 서로 만나지 못하였기 때문이다. '일속산방' 또한 다산의 역리易理의 가르침을 실생활 공간에 적용한 것인데 『치원유고』에 의하면 1849년(62세) 마현 여행 이후에 지었던 것이다.

동문매반가에서 만날 수 있다

동문매반가
소찬인
아욱국 시키면
열수, 추사, 치원을 한꺼번에
만날 수 있다

동문매반가
아욱국 속에
반반한
노규황량사가 똬리 틀고 있다

일사이적 열수를
금강안흑리수 추사를
일속산방 치원을
한꺼번에
아욱국으로 만날 수 있다

아욱국의
겉요리는
사의,
입가심은

삼근계,
밑반찬은
노규황량사

먼 걸음 하지 않고
일속산방에게
삼근계를 내린
사의재를 입양한
동문매반가에서
열수, 추사, 치원을 함께 만날 수 있다

동문안 큰샘 팽나무

나이 먹었어도
유쾌한 일도
불쾌한 일도 다 기억한다

인공도
일제강점기도

김충식,
김정식,
김병국,
차경모,
이선웅
이름만 대도
다 기억한다

침례교회
미국인 선교사들
이름은
몰라도
얼굴 다 기억한다

몸은
어장 났어도
정신은 멀쩡하다

일속산방이 사의재를 뵙고 가다

정월 초하루에는
일속산방이 사의재를 뵙고 간다

사의재 무릎 아래 엎드려
큰절을 올리는
일속산방을 일으켜 세우는
사의재의 눈시울이 뜨겁다

열다섯 살에
사의재에게 삼근계를 받은 이래
단 한 차례도 스승인 사의재의 뜻을
거스른 적이 없다

세상에
저런 놈이 어디 또 있을까, 할 때의
저런 놈이 바로
일속산방이다

여유당에게
세배 가지 못하기에
사의재에게

세배 드리고 간다

정월 초하루에는
일속산방이 사의재를 뵙고 간다,
한 해도 빠뜨리지 않고

다녀가다

사의재 뵈러 가면
이제 금방
보은산방이 다녀갔다고 할 때가 있다

오는 길에 내가 못 뵌 것은
길이 서로 엇갈렸기 때문이다

나는 동문안 큰길로 왔고
보은산방은 사의재 뒷길로 돌아갔다

보은산방 뵈러 가면
이제 금방
사의재가 다녀갔다고 할 때가 있다

오는 길에 내가 못 뵌 것은
길이 서로 엇갈렸기 때문이다

나는 고성골 방죽 지나왔고
사의재는
돌샘 지나 돌아갔다

마실

사의재는 마실 나갈 때도
빈손으로 나가는 법이 없다

아학편 아니면
재경을 들고 나간다

보은산방도 마실 나갈 때는
빈손으로 나가는 법이 없다

주역 아니면
예기를 들고 나간다

다산초당은 마실 나갈 때는
빈손으로 나간다

목민심서는 분량이 많아
들고 나갈 수 없다

면목없다

채무자 아닌 채무자인
사의재는 면목없다,
자신을 입양한 동문매반가에게

동문매반가가
주막 일을 그만두어야 하건만
여전히
주막 일을 하고 있다

잘나가는 사의재가
아무런 조치를 취하지 않는다고
동문매반가가
불만을 토한 적은 없다

사의재가
면목없는 건
동문매반가가
자신의 명성에 묻혔기 때문이다

사의재는 면목없다,
동문매반가에게
채권자 아닌 채권자인

3부

대구면사무소 단풍나무

단풍나무여, 누구에게도 자랑 삼지 마
내가
너에게 빠졌다고

내가
너에게 빠져
헤맨다는 말이 떠돌면
단풍나무,
네가 뱉은 걸로 알 테니

뭐라고,
비밀이 없다니
성동리 은행나무에게도
사당리 푸조나무에게도
똑 같은 말 하고 다니는 걸
다 알고 있다고

다 알아도
모른 척 해줄 일이지
성동리 은행나무 입이 싼 건가
사당리 푸조나무 입이 싼 건가

뭐라고,
성동리 은행나무도
사당리 푸조나무도 아닌
까치가
동네방네 다 떠들고 다닌다고

내가
강진우체국 앞 팽나무에게도
똑 같은 말 하고 다니는 걸
다 알고 있다고

엽색행각을 한 것도 아니고
아가페적인 사랑을 한 거니
나는
다들 모르는 걸로 알고
고개 떳떳이 들고 다닐 테여

단풍나무여, 누구에게도 자랑 삼지 마
내가
너에게 빠졌다고

청자

청자는
물총새다

가지가지 모양으로
위장을 하고
뭔가를 노리는 물총새다

물총새인
청자에 붙들려
옴짝달싹 못하는
해와 달,
별빛들

굳어버린
꽃향기,
새울음소리

지나가다
한참 붙들린
내 눈빛

청자는
물총새다,
깃털을
감춘

강진만 고니 떼

백련사 만경루 앞마당 배롱나무는
눈에 담아왔다가 말이 많아서
그냥 돌려줬지만
강진만 고니 떼는 돌려줄 수가 없어야

지금 돌려줬다간
때 아닌 고니 떼에
강진만의 갈대들도
뭇섬들도 황당해 할 테니

어차피 강진만 고니 떼는
먼 나라로 돌아갈 것이기에
다들 눈에 담아가도
강진만이 눈감아주기도 하지

욕심 많게
죽섬, 가우도, 비래도, 까막섬을
몽땅 눈에 담아가려다가
강진만에게 들통나 혼쭐난 적도 있지

내가 도벽이 심한 놈이라고

뭇섬들에게
방심하지 말라고
강진만이 경계령을 내렸을지도 몰라

오늘은 내 눈에 담아온 고니 떼가
짜증을 내는 거 있지
죽섬과 갈대밭을 챙겨오지 않아
심심해 죽겠다나

구강포가 귀띔해 주다

사초리 바닷가에서 만난 구강포에게
부동화이不同和而의 달인이라고 말문을 열었더니
부동화이가 아니라
부동이화不同而和라고 바로 잡아주네
자나깨나 제 뺨을 때리며
수신을 일삼는 구강포가
내가 무색하지 않게
주위 사람들이 듣지 않게
부동이화라고 귀띔해 주네
논어 제십삼 子路篇,
君子和而不同 小人同而不和를
내가 풀어먹은 걸 알고 있는 구강포가
부동화이는 어순이 잘못됐다며
부동이화가 맞다네
죽도, 가우도, 비래도, 내호도, 외호도
홀애비섬, 복섬, 까막섬
형제간에 우애하도록 가르친
부동이화의 달인인 구강포는
생각이 깊네

* 군자화이부동 소인동이불화君子和而不同 小人同而不和: 군자는 화하고 뇌동하지 않으며, 소인은 뇌동할 뿐 화합하지 않는다.

구강포가 나를 방문하다

죽섬, 가우도, 비래도,
홀애비섬, 외호도, 내호도,
복섬, 큰까막섬, 작은까막섬을
한꺼번에 데리고
구강포가 나를 방문하였다

움직여도
한꺼번에 움직이는 것을 보면
가족애가 깊다

내가 다녀온 지 얼마 되지 않았는데
나를 보겠다고
먼 걸음 한
구강포를 어떻게 대접해야 하나

구강포가
그 많은 가족들 데리고 이동을 하느라
얼마나 번거로웠을까

가우도 왜가리, 펑독바위는 물론
비래도, 까막섬 전설까지

데리고 다니려면
너무 힘이 드니
다음엔 내가 먼저 방문해야겠다

서로 번거롭지 않게
아예 내가 가우도에 둥지를 틀까,
생각도 들지만
무어든 적당한 거리를 두어야
그리움이 살아남는다

앞으로는
꿈길이라도 내가 방문해야겠다

가을에는 정신이 없다

가을에는 손님을 치르느라
정신이 없다

내가
대퇴부분쇄골절로 몸이 성치 못해
어디 못 가는 줄 알고
나를 위문하듯 찾아오는 이들이 있다

백련사 만경루 앞마당의 배롱나무가
만경다설이 손에 쥐어준 녹차 한 봉지 들고
꽃무릇과 함께 찾아와
백련사 소식을 전해 주는데
백련사가 불사중이라 자기들만 왔다 갔다

다산초당은 다녀갈 때마다
다산 사경이 함께 움직이는데
금년에는 석가산이 피치 못할 사정이 있어
정석, 약천, 다조만 왔다 갔다

동문매반가가 입양한
사의재도

읍중 제자들과 함께
아학편 들고 왔다 갔다

가을에는 손님을 치르느라
정신이 없다,
몸도 성치 않은 놈이

가을이 잠수 중이다

가을이 만덕호에 빠져 헤맨 줄 알고,
가을을 구하러 뛰어들려 하니
호숫가의 나무들이 나의 등덜미를 붙든다

가을이 잠수 중이다

백일홍꽃이 물러나는 이유는
— 백련사 만경루 앞마당에서

백일홍꽃이 물러나는 이유는
동백나무에게
밉보이고 싶지 않아서만은 아니다

피고 지고
피고 지고

백일홍이
동백나무가 세운 기록을
경신할 수 있으나
이름값만 하고 싶은 것이다

더도 말고
덜도 말고

백일만
채우고 싶은 것이다

배롱나무와 단풍나무가 만나면

백련사 만경루 앞마당 배롱나무가
마실을 나가
대구면사무소 단풍나무를 만나면
무슨 일이 일어날까

물론
둘 다 입이 벌어지겠지
벌어진 입이
다물어지지 않겠지

아니
마음은 서로 뻥 갔어도
둘 다 태연자약하겠지,
사고칠 수 없는 사이이기에

배롱나무는 단풍나무로
단풍나무는 배롱나무로
태어나지 않은 것을
서로 한탄하겠지

아니, 아니

사랑은 종을 넘기에
둘이 밤봇짐을 싸
세상 어딘가로 은둔하겠지

대구면사무소 단풍나무가
마실을 나가
백련사 만경루 앞마당 배롱나무를 만나면
무슨 일이 일어날까

낮잠

1. 여름날

백련사 만경루 앞마당 배롱나무가
시끄러운 매미들을 달고
나를 찾아와 하소연한다

백련사를 들르는 놈마다
눈독을 들이는 바람에 몸 둘 바
모르겠단다

눈빛이야
말릴 수 없 없지만
더듬는 놈들이 있어 죽겠단다

믿을 놈이
어디 있다고
나에게 털어놓다니

2. 겨울날

동문매반가가 입양한 사의재가

눈발을 뒤집어 쓴 채
나를 찾아와 하소연한다

고리타분한 아학편
배우러 오는 아이들이 없어
문을 닫아야 할 처지란다

방세도 제대로 못내
주모에게 면목 없단다

요즘 영어가 대세니
아학편을
영어로 가르치면 어떻겠냐 한다

곧 죽어도
전업시인인 나를
써먹을 생각을 하다니

다산초당 매미

백련사에서 다산초당으로 넘어온 길들을

다산초당에서 백련사로 넘어가는 길들을

다산초당에서 백련사로 넘어가지 않고

돌아가는 길들을

그냥 보낼 수 없어

한 가지 가르쳐 보내네

이용후생利用厚生

이용후생

이용후생

* 이용후생利用厚生: 백성이 사용하는 기구 따위를 편리하게 하고 의식을 넉넉하게 하여 생활을 윤택하게 함

다산초당 만나러 가는 길

언젠가부터 갯물맛 볼 수 없는
귤동 초입 갈대들에게 한눈 파느라
지체한 발걸음 재촉하여
다산명가에 이르렀다

어디서 많이 본 저명인사들이
다산명가에서 나와
나를 앞서가는데
사의재, 보은산방, 이학래가다

좁은 산길을 오르니
뿌리의 길을 피해 자리를 잡은
백운동 별서와 일속산방이
사의재 일행을 기다리고 있다

서로 한담을 나눌 틈도 없이
풍우와 사람의 발자국에
얼굴 내민 뿌리가
피골이 상접한 조선이라며 한탄한다

죽음에 이르는 상처를

뿌리의 길이라고 포장하다니
이런 역설이 어디 있냐며
다들 성토한다

뿌리의 길 이전의 길과
뿌리의 길 이후의 길이라도
제대로 보존해야 한다며
다산초당을 만나 대책을 세우잔다

고개 숙인
강진 저명인사들의
뒤를 따라가는
나의 발걸음이 무겁다

열수의 슬픔

일사이적,
열수의 슬픔을 저울로 재면 얼마나 나갈까

일사이적,
열수의 슬픔을 실패에 감으면 어떻게 될까

열수의 슬픔은
저울로 잴 것도 아니고
실패에 감을 것도 아니지

열수의 슬픔은
한지에 옮겨 적으면
그 양을 알 수 있지

여유당전서에서
유배 오기 전에 태어난 것과
해배 후에 태어난 것을
제외하면 되지

한 치의
오차도 없지

4부

석문은 문이 없다

석문은
두드릴 문이 없다

그냥 지나가기가
미안하다

두주불사, 고주망태가 되도록
바위들과
대작을 하고 싶다

바위들과
돌아가면서
시를 주고받고 싶다

시를 읊다
막히면
벌주를 받고 싶다

바위들과 시를 주고받다가
산적을 만나
다 뺏기어도 상관없다

목숨만
건지면 된다

석문은
열고 닫을 문이 없다

명발당明發堂이 내 눈에 뛰어든다

꾸벅꾸벅 졸던 명발당이
내 발자국 소리에 잠이 깬다

더위 먹은
본채가 내 눈에 뛰어든다

내 눈이 둠벙인가
내 눈이 호수인가

덩달아
무학중사無學中斜가
행랑채가
내 눈에 뛰어든다

뒷동산도
남새밭도
내 눈에 뛰어든다

주인이 있으면 오해를 사지 않을 텐데
주인이 없으니
내게 도벽이 있어

눈에 담아간 걸로 알면
큰일이다

오해 살 수 있기에
말리고 싶지만
제 발로 뛰어드는데 어떻게 말리나

내 눈이 둠벙인가
내 눈이 호수인가

다들
내 눈에 몸을 담그고
돌아갈 생각을 않는다

* 명발당明發堂: 해룡공海龍公 윤광택尹光宅(1732~1804)의 당호이다. 윤광택의 아들이 윤서유이고 손자가 윤창모이다. 다산은 친구 윤서유의 아들이자 자신의 제자인 윤창모에게 딸을 시집보냈다. 명발당은 윤창모가 살던 곳으로 방산 윤정기를 잉태하였다.
* 무학중사無學中斜: 학문을 하지 않으면 중도에 기운다는 뜻이다. 명발당 본체는 복원된 건물이고 좌편 뜰의 서재 무학중사無學中斜는 1798년에 건립되었다.

명발당이 나를 성가시게 한다

명발당이
나를 성가시게 한다

내 눈에 뛰어들어 나갈 생각을 않기에
아무 생각 없이
그냥 집에 돌아왔더니

집에 온 지 하루도 안 지난
한밤중에
나를 깨워 항촌으로 데려다 달라고
닦달한다

내가
자기를 눈에 담아온 것도 아니고
더위를 피해 제 발로
내 눈에 뛰어들어 놓고는
막무가내 데려다 주란다

한밤중에
내가
항촌까지 어떻게 다녀온단 말인가

밤하늘에 달과 별들이 손가락질하겠다

주말에
청라곡과 조석루를 뵐 일 있으니
가는 길에 데려다 주겠다고
가까스로 달랜다

나도
문제가 많은 놈이지
내 눈에 뛰어든다고
내려놓지 않고 그냥 돌아오다니

상사화 相思花
— 명발당에서

저걸
내 눈에 담았다간
애달픈 사연에
눈시울이 뜨거워질 텐데

잎은 꽃을 못 만나고
꽃은 잎을 못 만나고

내 눈빛이
눈에 담을 것과
눈에 담지 말아야 할 것을
잘 구별하지 못하니

내 눈빛이 저지른 일을
눈감아 주었다가
내년 봄에 잎을 눈에 담아
꽃과 만나게 해주어야지

잎은 꽃을 만나고
꽃은 잎을 만나고

주작산朱雀山 진달래

주작의 하늘 아래 얼굴을 내밀다니

나보다 먼저 정상에 올라
군락을 이루다니

나는 숨을 헐떡이며
나는 땀을 뻘뻘 흘리며
정상에 올라왔는데
땀 한 방울 흘리지 않고
여유만만하게 올라와
나를 빤히 쳐다보다니

나보다 먼저 올라와
구강포의 크고 작은 섬들을 향하여
분홍 눈빛으로
이미 야호야호 소리를 질렀다니

주작의 하늘 아애
해와 달, 별빛을 다 받아마시어
분홍 날개로
날갯짓을 하다니

자기들은 내려갈 생각이 없다며
내려갔다
다시 올라오려면 귀찮으니
아예 주저않겠다며
우리보다 먼저 내려가라니

조석루朝夕樓를 위하여

왕희지王羲之의 아침과
도연명陶淵明의 저녁이 어깨동무한
조석루朝夕樓를 만나고 싶은데
만날 길이 없으니 어떡하냐

턱에 손을 받친 차선책이
명발당에서
다산의 조석루기朝夕樓記로
조석루를 만나라 한다

朝夕樓者 尹皆甫之書樓也 余寓茶山 今且四年 每花時試步 必由山而右 越一嶺涉一川 風乎石門 憩乎龍穴 飮乎靑蘿之谷 宿乎農山之墅 而後騎馬而反乎山 例也 皆甫與其從父弟羣甫 佩酒持魚而至 或期乎石門 或期乎龍穴 或期乎靑蘿之谷 旣醉而飽 與之宿乎農山之墅 亦例也 農山者 皆甫別業 農山之阡 卽龍山之麓 厥考葬焉 厥考之高祖葬焉

조석루朝夕樓는 윤개보尹皆甫의 서루書樓이다. 내가 다산茶山에 기거한 지 이제 4년이 되는데, 언제든지 꽃피는 때면 산보를 하였다. 나는 산에서 오른쪽으로 고개 하나를 넘고 시내 하나를 건너 석문石門에서 바람을 쐬며, 용혈龍穴에서 쉬었다. 청라곡^{靑蘿谷}에서 물마시고, 농산^{農山}에 있는 농막^{農墅}에서 묵은 뒤에 말을 타고 다산으로 돌아오곤 하였다. 개보^{皆甫}와 그의 사촌 아우 군보^{群甫}가 술과 물고기를 가지고 와서 어떤 때에는 석문^{石門}에서 기다리고, 어떤 때에는 용혈^{龍穴}에서 기다리고 어떤 때에는 청라곡^{靑蘿谷}에서 기다렸다. 이미 취하도록 마시고 배불리 먹은 뒤에는 그와 함께 농산에 있는 농막에서 잠을 잤다. 농산은 개보^{皆甫}의 별장인데, 농산의 동산은 곧 용산^{龍山}의 기슭이다. 윤개보는 고조^{高祖} 할아버지를 이곳에서 장사지냈고. 그의 아버지를 이곳에다 모셨다. 또 그 서쪽 선영에는 증조^{曾祖} 할아버지를 모셨다.

석문^{石門}은 이미 만났고
용혈^{龍穴}은 많이 들어보았는데
다산의 목을 축여주던
청라곡^{靑蘿谷}은
농산은 어디인가

조석루^{朝夕樓}는
별장형 별서도
은일형 별서도 아닌

별업형 별서^{別業形別墅}로
조상의 묘를 모신 선영이
제각이, 연못이 있었다지

사라진 조석루를 만날 길 없어
조석루기로 맛봤으니
다산의 사돈인
윤서유의 죽음을 애도한
윤정언만사^{尹正言挽詞}로
조석루를 재차 맛보고 명발당을 떠나야지

丹悠揚寫正言
秋風衰草赴高原
龍穴嬉春事隔晨
絡蹄如玉 如銀
誰生誰死休分別
已作當分一隊人
茶山簫鼓鬧芬華
頭揷雙條御賜花
演場邊數株柳
別時已復集昏鴉.

정언이라 쓴 명정銘旌 길게 펄럭이며
가을바람에 마른 풀 언덕으로 향하는구나
용혈龍穴의 봄놀이 어제 같구나
옥 같은 낙지에 은빛의 생선,
누군 죽고 누군 살았다 구별 마시게
그 당시에 벌써 끼리끼리 모였었네
다산에 퉁소와 북소리 요란하게 들릴 적에
머리에 쌍갈래 어사화御賜花를 꽂았었네
잔치 벌리던 주변의 몇 그루 버드나무엔,
헤어질 때 벌써 황혼 까마귀가 날아들었다네

* 번역 및 원문: 다산 정약용(1762~1836)의 조석루기朝夕樓記, 김도련 역, 한국 고전번역원, 1984. '효孝를 실천한 별업형 별서 강진의 조석루'(이재근 글)에서 재인용.

주작이 형인가, 덕룡이 형인가

주작이 형인지,
덕룡이 형인지
알아야 할
이유가 있다

외모만 봐서
누가 형이고
누가 동생인지
내 실력으로는 알 수가 없다

아우 먼저,
형님 나중,
형님 먼저,
아우 나중

찬물도
위아래가 있기에
누가
형인지 알아야 한다

한날한시에

태어난
쌍둥이도
위, 아래가 있다

약속이나 한 듯
둘 다 입을 봉하니
도무지
알 수가 없다

덕룡이 형인지
주작이 형인지,
알아야 할
이유가 있다

강진은 저명인사가 많다

강진은 저명인사가 많다

영랑생가, 강진시문학파기념관,
보은산방, 사의재,
금곡사, 남미륵사, 옴천사
무위사, 백운동 별서,
백련사, 옥련사
청자박물관, 한국민화박물관, 정수사
다산초당, 다산기념관, 명발당
가우도출렁다리, 청자타워,
병영성, 하멜기념관

저명인사 중애서
네 분만 고르라 하면
무위사,
영랑생가,
다산초당,
청자박물관이다

네 분 중에서
한 분만 고르라면

내 힘으로는 불가능하다,
싸움난다

빠뜨리지 말아야 할
저명인사를 빠뜨렸는데
강진만 갈대,
강진만 고니,
주작산 진달래이다

강진이 남도답사일번지인 까닭은
저명인사가 많기 때문이다

부록

洌水(茶山) 丁若鏞의 兒學編

1일

天 하늘 천 地 땅 지 父 아버지 부 母 엄니 모
君 임금 군 臣 신하 신 夫 지아비 부 婦 지어미 부
兄 형 형 弟 아우 제 男 사내 남 女 계집 녀
姉 손위 누이 자 妹 누이 매 娣 손아래 누이 제 嫂 형수 수
祖 할아버지 조 宗 일족 종 子 아들 자 孫 손자 손
姪 조카 질 姑 시어머니 고 甥 생질 생 舅 시아버지 구
姨 이모 이 婭 동서 아 壻 사위 서 媳 며느리 식
妻 아내 처 妾 첩 첩 嬸 숙모 심 姆 유모 모
伯 맏 백 仲 버금 중 叔 셋째 숙 季 말째 계, 계절 계
族 겨레 족 戚 친척 척 朋 벗 붕 友 벗 우

2일

賓 손 빈 師 스승 사 主 임금 주 客 손 객
翁 늙은이 옹 媼 할머니 온 童 아이 동 叟 늙은이 수
帝 황제 제 王 임금 왕 后 황후 우 妃 왕비 비
將 장수 장 相 정승 상, 서로 상 卿 벼슬 경 士 선비 사
吏 벼슬아치 리 民 백성 민 工 장인 공 商 장사 상
僮 어린 종 동 僕 종 복 奴 종 노 婢 여자 종 비
儒 선비 유 俠 의기로울 협 醫 의원 의 巫 무당 무
氓 백성 맹 隷 종 례 妓 기생 기 娼 창녀 창
僧 중 승 尼 여승 니 盜 훔칠 도 賊 도둑 적
夷 동방 오랑캐 이 狄 북방 오랑캐 적
蠻 남방 오랑캐 만 羌 서방 오랑캐 강
耳 귀 이 目 눈 목 口 입 구 鼻 코 비
股 넓적다리 고 肱 팔뚝 굉 手 손 수 足 발 족

3일

頭 머리 두 腦 골 뇌 頷 끄덕일 암 項 항목 항
顴 광대뼈 관 頰 뺨 협 頂 정수리 정 額 이마 액
齒 이 치 牙 어금니 아 脣 입술 순 舌 혀 설
眼 눈 안 睛 눈동자 정 頤 턱 이 齶 잇몸 악
乳 젖 유 脇 옆구리 협 臍 배꼽 제 肛 항문 항
胸 가슴 흉 背 등 배 腰 허리 요 腹 배 복
指 손가락 지 爪 손톱 조 掌 손바닥 장 腕 팔 완
肩 어깨 견 臂 팔 비 肘 팔꿈치 주 腋 겨드랑이 액
跗 발등 부 趾 발 지 腨 장딴지 천 踵 발꿈치 종
臀 볼기 둔 膝 무릎 슬 脛 정강이 경 脚 다리 각
鬚 수염 수 眉 눈썹 미 鬢 살쩍 빈 髮 터럭 발

4일

咽 목구멍 인 喉 목구멍 후 臟 오장 장 腑 육부 부
心 마음 심 肺 허파 폐 肝 간 간 脾 지라 비
膽 쓸개 담 腎 콩팥 신 腸 창자 장 肚 배 두
皮 가죽 피 肉 고기 육 膏 기름 고 血 피 혈
筋 힘줄 근 脈 줄기 맥 骨 뼈 골 髓 뼛골 수
涎 침 연 汗 땀 한 糞 똥 분 溺(尿) 오줌 뇨
首 머리 수 面 낯 면 身 몸 신 體 몸 체
日 날 일 月 달 월 星 별 성 辰 북극성 신, 별 진
風 바람 풍 雲 구름 운 雨 비 우 露 이슬 로
霜 서리 상 雪 눈 설 霰 싸라기눈 산 霾 흙비 매
雷 우레 뇌 電 번개 전 霞 노을 하 霧 안개 무
虹 무지개 홍 霓 무지개 예 颶 돌개바람 구 飆 회오리바람 표
霖 장마 림 涷 소나기 동 霡 가랑비 맥 霂 가랑비 목

5일

陰 그늘 음 陽 볕 양 氣 기운 기 暈 무리 훈, 어지러울 운
彗 살별 혜 孛 살별 패 氷 얼음 빙 雹 우박 박
水 물 수 火 불 화 土 흙 토 石 돌 석
山 뫼 산 川 내 천 海 바다 해 陸 뭍 육
原 언덕 원 野 들 야 丘 언덕 구 陵 언덕 릉
峯(峰) 봉우리 봉 巒 뫼 만 岡 산등성이 강 麓 산기슭 록
嶺 고개 영 嶽 큰산 악 峽 산골짜기 협 峀 산굴 수
洞 골 동 壑 골 학 巖 바위 암 谷 골 곡
隴 고개 이름 롱 阪 언덕 판 崖 언덕 애 岸 언덕 안
塵 티끌 진 埃 티끌 애 塊 덩어리 괴 礫 조약돌 력
泉 샘 천 瀑 폭포 폭 溪 시내 계 澗 산골 물 간
溝 도랑 구 渠 개천 거 陂 방죽 피 池 못 지

6일

江 강 강 淮 물이름 회 河 물 하 漢 한수 한, 한나라 한
湖 호수 호 澤 못 택 津 나루 진 涯 물가 애
灘 여울 탄 潭 못 담 島 섬 도 嶼 섬 서
浦 개 포 渚 물가 저 汀 물가 정 洲 물가 주
潮 아침 조수 조 汐 저녁 조수 석 波 물결 파 浪 물결 랑
泥 진흙 니 沙 모래 사 泡 거품 포 漚 거품 구
國 나라 국 邑 고을 읍 京 서울 경 鄕 시골 향
郡 고을 군 縣 고을 현 州 고을 주 都 도읍 도
鄰 이웃 린 里 마을 리 市 저자 시 井 우물 정
城 내성 성 郭 외성 곽 村 마을 촌 閭 마을 려
街 거리 가 巷 거리 항 蹊 좁은 길 혜 徑 지름길 경
道 길 도 路 길 로 橋 다리 교 驛 역 역

7일

田 밭 전 畦 밭두둑 휴 園 동산 원 圃 채마밭 포
境 지경 경 界 경계 계 阡 두렁 천 陌 길 맥
金 쇠 금 銀 은 은 銅 구리 동 鐵 쇠 철
鍮 놋쇠 유 鉛 납 연 鑞 땜납 랍 錫 주석 석, 줄 사
珠 구슬 주 玉 구슬 옥 寶 보배 보 貝 조개 패
錢 돈 전 幣 화폐 폐 圭 홀 규 璧 둥근 옥 벽
炬 햇불 거 燎 햇불 료 燈 등 등 燭 촛불 촉
薪 섶나무 신 柴 섶 시, 울짱 채 炭 숯 탄 灰 재 회
硝 화약 초 硫 유황 류 烽 봉화 봉 燧 부싯돌 수
熛 불똥 표 焰 불 댕길 염 烟 연기 연 煤 그을음 매
草 풀 초 木 나무 목 禾 벼 화 穀 곡식 곡
菜 나물 채 蔬 나물 소 花 꽃 화 藥 약초 약

8일

芝 지초 지 蘭 난초 란 蕙 풀 이름 혜 菖 창포 창
葠 인삼 삼 朮 차조 출 芎 궁궁이 궁 芍 함박꽃 작
蒲 부들 포 艾 쑥 애 蓬 쑥 봉 蒿 쑥 호
茅 띠 모 莎 사초 사 蘆 갈대 로 荻 물억새 적
茶 씀바귀 도 蓼 여뀌 료 薇 장미 미 蕨 고사리 궐
蓮 연꽃 련 荷 연꽃 하 薔 장미 장 菊 국화 국
葡 포도 포 萄 포도 도 藤 등나무 등 葛 칡 갈
芭 파초 파 蕉 파초 초 藍 쪽 람 茜 꼭두서니 천
葵 아욱 규 藿 콩잎 곽 芹 미나리 근 薺 냉이 제
茄 연줄기 가 芋 클 후 薯 감자 서 莧 비름 현
菘 배추 숭 菁 순무 정 芥 겨자 개 葑 순무 풍
韭 부추 구 薤 염교 해 蔥 파 총 薑 생강 강

9일

(瓜오이 과, 苽 줄 고) 瓠박 호 菌버섯 균 蕈버섯 심
萵상추 와 苣상추 거 蒜마늘 산 蘘양하 양
松소나무 송 柏측백 백 檜전나무 회 杉삼나무 삼
梧오동나무 오 桐오동나무 동 梓가래나무 재 桼옻 칠
楡느릅나무 유 槐회화나무 괴 楊버들 양 柳버들 류
橡상수리나무 상 檟개오동나무 가 榛개암나무 진 栗밤 률
檀박달나무 단 榧비자나무 비 椒산초나무 초 桂계수나무 계
梅매화 매 杏살구 행 桃복숭아 도 李오얏 리
柿감나무 시 棗대추 조 梨배나무 리 楸가래 추
橘귤 귤 柚유자 유 柑귤 감 枳탱자 지
梔치자나무 치 榴석류나무 류 櫻앵두 앵 柰능금나무 내
楓단풍 풍 楮닥나무 저 棣산앵두나무 체 棠아가위 당

10일

桑 뽕나무 상 柘 산뽕나무 자 杻 감탕나무 뉴 檗 황벽나무 벽
竹 대 죽 竿 장대 간 筍 죽순 순 篁 대숲 황
樹 나무 수 林 수풀 림 菓 실과 과 蓏 열매 라
根 뿌리 근 荄 풀뿌리 해 材 재목 재 幹 줄기 간
枝 가지 지 葉 잎 엽 莖 줄기 경 節 마디 절
蘂 꽃술 예 萼 꽃받침 악 蒂 꼭지 체 蔓 덩굴 만
黍 기장 서 稷 피 직 稻 벼 도 粱 기장 량
菽 콩 숙 荳 콩 두 牟 보리 모 麥 보리 맥
苧 모시풀 저 麻 삼 마 枲 모시풀 시 棉 목화 면
蕎 메밀 교 秫 차조 출 秬 검은 기장 거 粟 조 속
苗 싹 묘 穟 이삭 수 秧 모 앙 粒 낱알 립
糠 겨 강 米 쌀 미 糗 볶은 쌀 구 粮 양식 량

11일

秔 메벼 갱 稬 찰벼 나 芻 꼴 추 藁 볏짚 고
稊 돌피 제 稗 피 패 蓚 씀바귀 수 䅫 쭉정이 랑
鸞 난새 란 鳳 봉새 봉 鸛 황새 관 鶴 학 학
鴻 기러기 홍 雁 기러기 안 鳬 오리 부 鴨 오리 압
鷗 갈매기 구 鷺 해오라기 로 鵝 거위 아 鶩 집오리 목
鶯 꾀꼬리 앵 鶉 메추라기 순 鳩 비둘기 구 鴿 집비둘기 합
鵰 독수리 조 鷂 새매 요 鵠 고니 곡 鴇 느시 보
鳶 솔개 연 鷹 매 응 烏 까마귀 오 鵲 까치 작
鵂 수리부엉이 휴 梟 올빼미 효 鸚 앵무새 앵 鴷 딱따구리 렬
鷄 닭 계 雉 꿩 치 鷰 제비 연 雀 참새 작
麟 기린 린 麋 큰사슴 미 麕 노루 균 鹿 사슴 록
虎 범 호 豹 표범 표 象 코끼리 상 犀 무소 서

12일

兎 토끼 토 獺 수달 달 貂 담비 초 鼯 날다람쥐 오
豺 승냥이 시 狼 이리 랑 狐 여우 호 貍(狸) 삵 리
馬 말 마 牛 소 우 羊 양 양 豕 돼지 시
駒 망아지 구 犢 송아지 독 羔 염소 고 豚 돼지 돈
驢 당나귀 려 臝(騾) 노새 라 犬 개 견 羖 검은 암양 고
貓(猫) 고양이 묘 鼠 쥐 서 熊 곰 웅 猿 원숭이 원
蛟 교룡 교 龍 용 룡 鯨 고래 경 鱷(鰐) 악어 악
魴 방어 방 鯉 잉어 리 鰷 피라미 조 鰣 준치 시
鯊 문절망둑 사 鱸 농어 로 鮒 붕어 부 鱨 자가사리 상
鯮 조기 종 鯖 청어 청 鮎 메기 점 鱺 뱀장어 려
魨 복어 돈 鱖 쏘가리 궐 鰂 오징어 적 鰒 전복 복
鰍 미꾸라지 추 鱓 드렁허리 선 鰕 새우 하 鰈 가자미 접

13일

龜 거북 귀 鼈 자라 별 蟹 게 해 蟶 긴맛 정
蝸 달팽이 와 蠃 소라 라 蠔 굴 호 蛤 대합조개 합
蜂 벌 봉 螘 개미 의 蝴 나비 호 蝶 나비 접
蜻 잠자리 청 蜓 잠자리 정 蟋 귀뚜라미 실 蟀 귀뚜라미 솔
蠶 누에 잠 蛾 나방 아 蠐 굼벵이 조 蟬 매미 선
蛛 거미 주 蠅 파리 승 蚊 모기 문 蠍 전갈 갈
蠅(䵷) 개구리 와 蟾 두꺼비 섬 蛇 긴 뱀 사 蝮 살무사 복
蚓 지렁이 인 蛭 거머리 질 螢 반딧불 형 螽 메뚜기 종
蛆 구더기 저 蠹 좀 두 蚤 벼룩 조 蝨 이 슬
蝛 쥐며느리 이 蛾 쥐며느리 위 蠛 눈에놀이 멸 蠓 눈에놀이 몽
禽 새 금 畜 짐승 축 犧 희생 희 牲 희생 생
鳥 새 조 獸 짐승 수 魚 물고기 어 蟲 벌레 충

14일

雛 병아리 추 麛 사슴 새끼 미 鯏 물고기 새끼 이 卵 알 란
牝 암컷 빈 牡 수컷 모 雌 암컷 자 雄 수컷 웅
羽 깃 우 毛 터럭 모 鱗 비늘 린 甲 갑옷 갑
騣 갈기 종 尾 꼬리 미 蹄 굽 제 角 뿔 각
翼 날개 익 翮 깃촉 핵 咮 부리 주 嗉 모이주머니 소
塒 홰 시 牢 우리 뢰 巢 새집 소 殼 껍질 각
宮 궁궐 궁 室 방 실 殿 전각 전 闕 대궐 궐
舍 집 사 宇 집 우 家 집 가 宅 집 택
臺 대 대 榭 정자 사 亭 정자 정 館 집 관
寺 절 사 院 집 원 樓 다락 루 閣 집 각
房 방 방 堂 마루 당 屋 집 옥 廊 사랑채 랑
府 마을 부 庫 곳집 고 倉 곳집 창 廩 곳집 름

15일

棟 마룻대 동 樑(梁) 들보 량 柱 기둥 주 椽 서까래 연
檐 처마 첨 甍 용마루 맹 梯 사다리 제 檻 난간 함
囱 창 창 牖 들창 유 門 문 문 戶 집 호
閨 안방 규 扉 사립문 비 楣 문미 미 閾 문지방 역
廚 부엌 주 竈 부엌 조 廐 마구간 구 厠 뒷간 측
階 섬돌 계 庭 뜰 정 牆 담 장 壁 벽 벽
苑 나라 동산 원 囿 동산 유 廬 농막집 려 店 가게 점
礎 주춧돌 초 堗 굴뚝 돌 瓦 기와 와 甓 벽돌 벽
鎖 쇠사슬 쇄 鑰 자물쇠 약 釘 못 정 鈴 방울 령
垣 담 원 籬 울타리 리 簾 발 렴 篅 대광주리 격
庋 시렁 기 架 시렁 가 牀 평상 상 榻 걸상 탑
屛 병풍 병 帷 휘장 유 帳 장막 장 幕 장막 막

16일

壇 단 단 廟 사당 묘 碑 비석 비 塔 탑 탑
塚 무덤 총 墓 무덤 묘 棺 널 관 槨 외관 곽
舟 배 주 船 배 선 舶 큰배 박 筏 뗏목 벌
棹 노 도 楫 노즙 帆 돛 범 檣 돛대 장
舳 고물 축 艫 뱃머리 로 篙 상앗대 고 篷 뜸 봉
舷 뱃전 현 柁 키 타 艣 노 로 桹 배널 랑
車 수레 차 轝 수레 여 軒 집 헌 軺 수레이름 초
輪 바퀴 륜 軸 굴대 축 轂 바퀴통 곡 輻 바퀴살 복
轎 가마 교 輦 가마 련 蓋 일산 개 傘 우산 산
鞍 안장 안 轡 고삐 비 羈(羇) 굴레 기 靮 고삐 적
紙 종이 지 筆 붓 필 硯 벼루 연 墨 먹 묵
簡 대쪽 간 策 책 책 版 판목 판 牘 서찰 독

17일

符 부호 부 璽 옥쇄 새 印 도장 인 牌 패 패
棋 바둑 기 枰 바둑 판 평 毬 제기 구 簙 장기 박
器 그릇 기 皿 그릇 명 几 안석 궤 案 책상 안
楎 옷걸이 휘 桋 횃대 이 椅 의자 의 桌 높을 탁
瓶 병 병 罌 술 단지 앵 甑 시루 증 甕 독 옹
鼎 솥 정 鍋 노구솥 과 釜 가마 부 鑊 가마솥 확
盆 동이 분 缸 항아리 항 楪 평상 접 椀 주발 완
簋 제기이름 궤 鉶 국그릇 형 桮 술잔 배 罇 술두루미 준
鐘 쇠북 종 鉢 바리 발 㪷 구기 구 勺 구기 작
匙 숟가락 시 筯 젓가락 저 俎 도마 조 盤 쟁반 반
箱 상자 상 篋 상자 협 笥 상자 사 籠 대바구니 롱
筐 광주리 광 奩 경대 렴 樻 궤 궤 櫝 함 독

18일

簽 용수 추 籔 조리 수 篩 체 사 籮 광주리 라
箕 키 기 箒(帚) 비 추 囊 주머니 낭 橐 전대 탁
杵 공이 저 臼 절구 구 檠 등잔걸이 경 釭 등잔 강
扇 부채 선 爐 화로 로 氈 담요 전 席 자리 석
升 되 승 龠 흡사 약 斗 말 두 斛 휘 곡
衡 저울대 형 錘 저울추 추 杖 지팡이 장 尺 자 척
釿 도끼 근 斧 도끼 부 鋸 톱 거 鑿 뚫을 착
錐 송곳 추 刀 칼 도 椎 쇠몽치 추, 등골 추 鎌 낫 겸
機 틀 기 梭 북 사 筬 바디 성 軒 물레 님
碓 방아 대 礪 숫돌 려 磨 갈 마 砧 다듬잇돌 침
鉏 호미 서 鍫(鍬) 가래 초 犁 밭갈 리 鍤 가래 삽
耒 가래 뢰 耙 써래 파 枷 도리깨 가 耰 곰방메 우

19일

矰 주살 증 丸 탄알 환 笱 통발 구 䂎 작살 착
網 그물 망 罟 그물 고 餌 미끼 이 鉤 갈고리 구
弓 활 궁 矢 화살 시 弩 쇠뇌 노 箭 화살 전
干 방패 간 戈 창 과 劒(劍) 칼 검 戟 창 극
旗 기 기 纛 기 독 旌 기 정 旄 깃대 장식 모
鞭 채찍 편 棍 몽둥이 곤 韔 활집 창 箙 화살통 복
布 베 포 帛 비단 백 錦 비단 금 繡 수놓을 수
紗 비단 사 綾 비단 릉 羅 그물 라 縠 주름비단 곡
經 날실 경 緯 씨실 위 綵 비단 채 紋 무늬 문
絲 실 사 纊 솜 광 絛 끈 조 索 노 삭
衣 옷 의 服 옷 복 冠 갓 관 帶 띠 대
襦 저고리 유 袴 바지 고 裘 갖옷 구 衫 적삼 삼

20일

袍 도포 포 襖 두루마기 오 裙 치마 군 裳 치마 상
裌 겹옷 겹 袖 소매 수 裾 자락 거 襟(衿) 옷깃 금
靴 가죽신 화 履 신 구 鞋 신 혜 屐 나막신 극
襁 포대기 강 袱 보 복 縢 행전 등 襪 버섯 말
鎧 갑옷 개 冑 투구 주 簑(蓑) 도롱이 사 笠 삿갓 립
縗 상복 이름 최 絰 삼 띠 질 帽 모자 모 笏 홀 홀
紳 띠 신 韠 슬갑 필 綦 신 끈 기 纓 갓끈 영
縫 솔기 봉 緣 가선 연 裔 뒷자락 예 幅 두건 복
巾 수건 건 帨 수건 세 珥 귀고리 이 佩 노리개 패
衾 이불 금 裯 홑이불 주 枕 베개 침 褥 요 욕
釵 비녀 채 笄 비녀 계 鏡 거울 경 鑷 족집게 섭
髻 상투 계 髢 다리 체 梳 얼레빗 소 篦 빗치개 비

21일

鍼 침 침 線 실 선 膠 아교 교 糊 풀칠할 호
粉 가루 분 黛 눈썹먹 대 臙 연지 연 脂 기름 지
飮 마실 음 食 밥 식 肴 안주 효 膳 반찬 선
飯 밥 반 餠 떡 병 糜 죽 미 粥 죽 죽
酒 술 주 醴 단술 례 醪 막걸리 료 麵 밀가루 면
菹 김치 저 醬 장 장 羹 국 갱 臛 곰국 학
膾 회 회 炙 구이 적 飴 엿 이 蜜 꿀 밀
脯 포 포 醢 젓 해 腒 날짐승 포 거 鱐 어포 숙
醋 초 초 韲 양념 제 油 기름 유 鹽 소금 염
豉 메주 시 糟 지게미 조 麴 누룩 국 糵 누룩 얼
鐘 쇠북 종 鼓 북 고 磬 경쇠 경 管 대롱 관
簫 통소 소 笛 피리 적 琴 거문고 금 瑟 큰 거문고 슬

22일 (하권)

仁 어질 인 義 옳을 의 禮 예도 례 智 슬기 지
孝 효도 효 悌 공손할 제 忠 충성 충 信 믿을 신
慈 사랑 자 良 어질 량 敦 도타울 돈 睦 화목할 목
寬 너그러울 관 和 화할 화 恭 공손할 공 愼 삼갈 신
是 옳을 시 非 아닐 비 善 착할 선 惡 악할 악
吉 길할 길 凶 흉할 흉 悔 뉘우칠 회 吝 아낄 린
聖 성인 성 賢 어질 현 睿 슬기 예 哲 밝을 철
英 영웅 영 傑 영걸 걸 豪 호걸 호 俊 준걸 준
春 봄 춘 夏 여름 하 秋 가을 추 冬 겨울 동
歲 해 세 時 때 시 早 이를 조 晩 늦을 만
寒 찰 한 暑 더울 서 溫 따뜻할 온 涼 서늘할 량
晴 갤 청 曀 음산할 에 澇 큰 물결 로 旱 가물 한

23일

晝 낮 주 夜 밤 야 晨 새벽 신 昏 어두울 혼
曉 새벽 효 晡 신시 포 朝 아침 조 夕 저녁 석
昨 어제 작 翌 다음 날 익 期 기약할 기 晬 돌 수
旬 열흘 순 望(朢) 보름 망, 바랄 망 晦 그믐 회 朔 초하루 삭
東 동녘 동 西 서녘 서 南 남녘 남 北 북녘 북
左 왼 좌 右 오른쪽 우 前 앞 전 後 뒤 후
上 윗 상 下 아래 하 中 가운데 중 間 사이 간
登 오를 등 降 내릴 강 仰 우러를 앙 俯 구부릴 부
邊 가 변 隅 모퉁이 우 㫄(傍) 곁 방 側 곁 측
內 안 내 外 바깥 외 表 겉 표 裏 속 리
彼 저 피 此 이 차 処(處) 곳 처 所 바 소
往 갈 왕 來 올 래 行 다닐 행 止 그칠 지

24일

靑 푸를 청 黃 누를 황 赤 붉을 적 黑 검을 흑
朱 붉을 주 玄 검을 현 素 흴 소 白 흰 백
丹 붉을 단 紺 감색 감 蒼 푸를 창 翠 푸를 취
紅 붉을 홍 紫 초록 자 綠 푸를 록 碧 푸를 벽
酸 실 산 鹹 짤 함 甘 달 감 苦 쓸 고
辛 매울 신 辣 매울 랄 羶 누린내 전 腥 비릴 성
臭 냄새 취 味 맛 미 聲 소리 성 色 빛 색
嗅 맡을 후 啗 씹을 담 視 볼 시 聽 들을 청
音 소리 음 響 울릴 향 芳 향내 방 香 향기 향
光 빛 광 彩 채색 채 形 모양 형 影 그림자 영
唱 부를 창 嘯 휘파람 불 소 吹 불 취 彈 탄알 탄
舞 춤출 무 蹈 밟을 도 歌 노래 가 詠 읊을 영

25일

睨 곁눈질 할 예 窺 엿볼 규 眺 바라볼 조 望 바랄 망

顧 돌아볼 고 瞻 쳐다볼 첨 觀 볼 관 省 살필 성

吞 삼킬 탄 吐 토할 토 噓 불 허 吸 마실 흡

飢 주릴 기 飽 배부를 포 醉 취할 취 醒 깰 성

聾 귀먹을 롱 瞽 소경 고 聵 귀머거리 외 矇 청맹과니 몽

聞 들을 문 見 볼 견 聰 귀 밝을 총 察 살필 찰

寤 잠 깰 오 寐 잘 매 睡 졸음 수 夢 꿈 몽

戲 희롱할 희 笑 웃음 소 喧 지껄일 훤 聒 떠들썩할 괄

歎 탄식할 탄 咄 꾸짖을 돌 瞋 부릅뜰 진 瞬 깜짝일 순

涕 눈물 체 淚 눈물 루 嚌 울 제 哭 울 곡

鼾 코 고는 소리 한 啞 벙어리 아 顰 찡그릴 빈 呻 읊조릴 신

噴 뿜을 분 嚔 재채기 체 唾 침 타 衄 코피 뉵(육)

26일

拳 주먹 권 匊 움킬 국 拱 팔짱 낄 공 抱 안을 포
握 쥘 악 執 잡을 집 扶 도울 부 持 가질 지
擡 들 대 擧 들 거 捫 어루만질 문 搔 긁을 소
攀 더위잡을 반 捧 받들 봉 提 끌 제 攜 이끌 휴
醞 빚을 온 釀 술 빚을 양 斟 술 따를 짐 酌 술 부을 작
酬 갚을 수 酢 술 부을 작 饋 보낼 궤 餉 건량 향
貢 바칠 공 獻 드릴 헌 贈 줄 증 賜 줄 사
求 구할 구 乞 빌 걸 報 갚을 보 償 갚을 상
文 글월 문 武 호반 무 技 재주 기 藝 재주 예
射 궁술 사 御 마차몰기 어 書 글 서 數 셈 수
史 사기 사 傳 전할 전 詩 시 시 詞 말 사
章 글 장 句 글귀 구 箋 기록할 전 註 글 뜻 풀 주

27일

篆 전자 전 字 글자 자 圖 그림 도 畵 그림 화
卜 점 복 筮 점 서 律 음률 률 歷 책력 력
講 외울 강 讀 읽을 독 吟 읊을 음 誦 외울 송
學 배울 학 習 익힐 습 記 기록할 기 錄 기록할 록
軍 군사 군 旅 군사 려 營 진영 영 陳 진 칠 진
攻 칠 공 守 지킬 수 戰 싸움 전 伐 칠 벌
兵 병사 병 刃 칼날 인 擊 칠 격 刺 찌를 자
騎 말 탈 기 乘 탈 승 馳 달릴 치 突 내밀 돌
計 셀 계 謀 꾀 모 許 허락할 허 諾 허락할 락
告 고할 고 戒 경계할 계 詢 물을 순 訪 찾을 방
謗 헐뜯을 방 訕 헐뜯을 산 譏 비웃을 기 嘲 비웃을 조
叱 꾸짖을 질 罵 꾸짖을 매 欺 속일 기 誑 속일 광

28일

疾 병 질 病 병 병 痛 아플 통 痒 가려울 양
瘧 학질 학 癘 창질 려 痔 치질 치 疸 황달 달
癨 곽란 곽 痢 설사 리 疳 감병 감 瘖 벙어리 음
癎 간질 간 癩 문둥이 라 疔 헌데 정 疝 산증 산
痺 저릴 비 痀 곱사등이 구 腫 종기 종 脹 부을 창
痰 가래 담 嗽 기침할 수 咳 기침 해 喘 숨찰 천
痘 역질 두 疹 마마 진 瘡 부스럼 창 癰 악창 옹
疣 혹 우 痣 사마귀 지 疥 옴 개 癬 옴 선
婚 며느리 집 혼 姻 사위집 인 嫁 시집갈 가 娶 장가들 취
胎 아이 밸 태 孕 아이 밸 잉 産 낳을 산 育 기를 육
葬 장사 지낼 장 埋 묻을 매 祭 제사 제 祀 제사 사
餞 전별할 전 饗 잔치할 향 宴 잔치 연 樂 즐길 락

29일

探 찾을 탐 摘 딸 적 擁 안을 옹 挾 낄 협
招 부를 초 搖 흔들 요 掩 가릴 엄 揮 휘두를 휘
披 헤칠 피 捲 거둘 권 投 던질 투 擲 던질 척
拘 잡을 구 攣 걸릴 련 掛 걸 괘 垂 드리울 수
跬 반걸음 규 步 걸음 보 蹤 발자취 종 跡 발자취 적
踊 뛸 용 躍 뛸 약 踐 밟을 천 踏(蹋) 밟을 답
超 뛰어넘을 초 越 넘을 월 蹲 쭈그릴 준 踞 걸어앉을 거
跛 절름발이 파 蹇 절뚝발이 건 蹶 넘어질 궐 跲 넘어질 겁
坐 앉을 좌 卧(臥) 누울 와 起 일어날 기 居 살 거
倚 의지할 의 伏 엎드릴 복 跪 꿇어 앉을 궤 立 설 립
顚 엎드러질 전 倒 넘어질 도 進 나아갈 진 退 물러날 퇴
趨 달아날 추 走 달릴 주 拜 절할 배 揖 읍할 읍

30일

言 말씀 언 語 말씀 어 問 물을 문 答 대답 답
論 논할 론 議 의논할 의 談 말씀 담 說 말씀 설
敎 가르칠 교 誘 꾈 유 訓 가르칠 훈 誨 가르칠 회
召 부를 소 呼 부를 호 請 청할 청 謁 뵐 알
慶 경사 경 弔 조상할 조 賀 하례할 하 慰 위로할 위
會 모일 회 遇 만날 우 盟 맹세 맹 約 맺을 약
灑 물 뿌릴 쇄 掃 쓸 소 應 응할 응 對 대할 대
盥 대야 관 漱 양치질할 수 沐 머리 감을 목 浴 목욕할 욕
農 농사 농 賈 장사 고 匠 장인 장 冶 쇠 불릴 야
漁 고기 잡을 어 釣 낚을 조 畋 밭 갈 전 獵 사냥 렵
稼 심을 가 穡 거둘 색 耕 밭 갈 경 種 심을 종
耘 김맬 운 穫 곡식 벨 확 樵 나무할 초 汲 물 길을 급

31일

賣 팔 매 買 살 매 賒 세낼 사 貸 빌릴 대
貿 무역할 무 販 팔 판 賭 내기 도 贖 속죄할 속
鑄 불릴 주 鍊 불릴 련 斲 깎을 착 剖 쪼갤 부
採 캘 채 拔 뽑을 발 捕 잡을 포 捉 잡을 착
紡 길쌈 방 織 짤 직 繰 고치 켤 소 染 물들 염
澣 빨래할 한 濯 씻을 탁 製 옷 지을 제 裁 마를 재
舂 찧을 용 簸 까부를 파 淅 일 석 漉 거를 록
烹 삶을 팽 飪 익힐 임 蒸 찔 증 炊 불 땔 취
財 재물 재 貨 재물 화 賦 부세 부 稅 세금 세
債 빚 채 價 값 가 傭 품 팔 용 雇 품 팔 고
負 질 부 戴 일 대 轉 구를 전 運 옮길 운
辨 분별할 변 訟 송사할 송 券 문서 권 簿 문서 부

32일

爵 벼슬 작 祿 녹 록 官 벼슬 관 位 자리 위
法 법 법 度 법도 도 刑 형벌 형 政 정사 정
權 권세 권 威 위엄 위 勢 형세 세 力 힘 력
制 만들 제 作 지을 작 命 목숨 명 令 하여금 령
姓 성씨 성 氏 성씨 씨 名 이름 명 號 이름 호
倫 인륜 륜 序 차례 서 班 나눌 반 列 벌일 열
功 공 공 罪 허물 죄 黜 내칠 출 陟 오를 척
寵 사랑할 총 辱 욕될 욕 賞 상줄 상 罰 벌할 벌
人 사람 인 物 만물 물 性 성품 성 情 뜻 정
古 옛 고 今 이제 금 事 일 사 理 이치 리
治 다스릴 치 亂 어지러울 란 得 얻을 득 失 잃을 실
可 옳을 가 否 아닐 부 成 이룰 성 毀 훨 훼

33일

生 날 생 死 죽을 사 禍 재앙 화 福 복 복
安 편안 안 危 위태할 위 存 있을 존 亡 망할 망
盛 성할 성 衰 쇠할 쇠 窮 궁할 궁 達 통달할 달
利 이로울 리 害 해할 해 災(灾) 재앙 재 祥 상서 상
尊 높을 존 卑 낮을 비 貴 귀할 귀 賤 천할 천
壽 오래 살 수 夭 일찍 죽을 요 貧 가난할 빈 富 부유할 부
愚 어리석을 우 慧 슬기로울 혜 邪 간사할 사 正 바를 정
老 늙을 로 少 젊을 소 壯 다 클 장 幼 어릴 유
廉 청렴할 렴 貪 탐낼 탐 奢 사치할 사 儉 검소할 검
妍 고울 연 媸 추할 치 强 강할 강 弱 약할 약
抑 누를 억 揚 날릴 양 殺 죽일 살 活 살 활
勝 이길 승 敗 패할 패 順 순할 순 逆 거스릴 역

34일

大 큰 대 小 작을 소 長 길 장 短 짧을 단
輕 가벼울 경 重 무거울 중 厚 두터울 후 薄 얇을 박
淸 맑을 청 濁 흐릴 탁 高 높을 고 低 낮을 저
方 모 방 圓 둥글 원 曲 굽을 곡 直 곧을 직
廣 넓을 광 狹 좁을 협 銳 날카로울 예 鈍 무딜 둔
硬 굳을 경 輭(軟) 연할 연 肥 살찔 비 瘠 여윌 척
有 있을 유 無 없을 무 虛 빌 허 實 열매 실
疏 트일 소 密 빽빽할 밀 斷 끊을 단 續 이을 속
剛 굳셀 강 柔 부드러울 유 屈 굽힐 굴 伸 펼 신
冷 찰 랭 熱 도울 열 燥 마를 조 濕 젖을 습
淺 얕을 천 深 깊을 심 濃 짙을 농 淡 맑을 담
隆 녹을 융 凍 얼 동 滑 미끄러울 활 澁 떫을 삽

35일

精 정할 정 粗 거칠 조 汚 더러울 오 潔 깨끗할 결
完 완전할 완 缺 이지러질 결 純 순수할 순 雜 섞일 잡
浮 뜰 부 沈 잠길 침 隱 숨을 은 現 나타날 현
開 열 개 閉 닫을 폐 出 날 출 入 들 입
聚 모을 취 散 흩을 산 動 움직일 동 靜 고요할 정
從 어길 종 違 어긋날 위 離 떠날 리 合 합할 합
明 밝을 명 暗 어두울 암 通 통할 통 塞 변방 새
遲 더딜 지 速 빠를 속 緩 느릴 완 急 급할 급
去 갈 거 留 머무를 류 用 쓸 용 捨 버릴 사
榮 빛날 영 枯 마를 고 贏 남을 영 縮 줄어들 축
眞 참 진 假 거짓 가 優 넉넉할 우 劣 용렬할 렬
加 더할 가 減(减) 덜 감 損 덜 손 益 더할 익

36일

縱 세로 종 橫 가로 횡 遠 멀 원 近 가까울 근
攲 기울 기 整 가지런할 정 平 평평할 평 仄 기울 측
難 어려울 난 易 쉬울 이 煩 번거로울 번 閒 한가할 한
專 오로지 전 貳 두 이 詳 자세할 상 略 간략할 략
翻 날 번 覆 다시 복 弛 늦출 이 張 베풀 장
稀 드물 희 稠 빽빽할 조 泄 샐 설 蓄 모을 축
多 많을 다 寡 적을 과 盈 찰 영 虧 이지러질 휴
增 더할 증 刪 깎을 산 溢 넘칠 일 涸 물 마를 학
洪 넓을 홍 纖 가늘 섬 巨 클 거 細 가늘 세
紛 어지러울 분 紜 어지러울 운 異 다를 이 同 같을 동
變 변할 변 化 될 화 周 두루 주 旋 돌 선
新 새 신 舊 옛 구 始 비로소 시 終 마칠 종

37일

薈 풍성할 회 蔚 초목 성할 위 叢 모일 총 茂 무성할 무
槁 마를 고 萎 시들 위 摧 꺾을 최 折 꺾을 절
凝 엉길 응 滯 막힐 체 堙 막을 인 鬱 울창할 울
滲 스밀 삼 漏 샐 루 潰 무너질 궤 決 물 터 놓을 결
照 비칠 조 耀 빛날 요 焚 불사를 분 燒 사를 소
灌 물 댈 관 沃 기름질 옥 熄 불 꺼질 식 滅 꺼질 멸
豊 풍년 풍 好 좋을 호 秀 빼어날 수 美 아름다울 미
尖 뾰족할 첨 碎 부술 쇄 破 깨뜨릴 파 裂 찢을 렬
堅 굳을 견 固 굳을 고 侈 사치할 치 麗 고울 려
朽 썩을 후 腐 썩을 부 壞 무너질 괴 落 떨어질 락
騰 오를 등 翥 날아오를 저 飛 날 비 鳴 울 명
潛 잠길 잠 藏 감출 장 遁 숨을 둔 匿 숨길 닉

38일

充 채울 충　滿 가득할 만　汎 뜰 범　濫 넘칠 람
空 빌 공　匱 다할 궤　竭 다할 갈　盡 다할 진
放 놓을 방　逸 편안할 일　奔 달릴 분　逃 도망할 도
回 돌아올 회　還 돌아올 환　歸 돌아갈 귀　反 돌이킬 반
繫 맬 계　結 맺을 결　牽 이끌 견　曳 끌 예
游(游) 헤엄칠 유　泳 잠수질 할 영　觧(解) 풀 해　脫 벗을 탈
壅 막을 옹　蔽 덮을 폐　阻 막힐 조　隔 사이 뜰 격
恢 넓힐 회　拓 넓힐 척　爽 시원할 상　豁 시원할 활
勞 일할 로　倦 게으를 권　催 재촉할 최　促 재촉할 촉
休 쉴 휴　息 쉴 식　玩 희롱할 완　弄 희롱할 롱
孤 외로울 고　獨 홀로 독　單 홑 단　微 작을 미
伴 짝 반　侶 짝 려　羣(群) 무리 군　衆 무리 중

39일

追 쫓을 추 隨 따를 수 交 사귈 교 接 사귈 접
送 보낼 송 迎 맞을 영 逢 만날 봉 別 이별할 별
譭 미울 훼 譽 기릴 예 恩 은혜 은 怨 원망할 원
辭 사양할 사 受 받을 수 予 줄 여 奪 빼앗을 탈
志 뜻 지 意 뜻 의 思 생각 사 想 생각 상
知 알 지 識 알 식 覺 깨달을 각 悟 깨달을 오
喜 기쁠 희 怒 성낼 노 悲 슬플 비 歡 기쁠 환
愛 사랑 애 憎 미울 증 恃 믿을 시 懼 두려워할 구
愉 즐거울 유 悅 기쁠 열 欣 기쁠 흔 快 쾌할 쾌
愁 근심 수 恨 한 한 憂 근심 우 慮 염려할 려
慙 부끄러울 참 愧 부끄러울 괴 羞 부끄러울 수 恥 부끄러울 치
悚 두려울 송 畏 두려워할 외 恐 두려울 공 怖 두려워할 포

40일

慟 애통할 통　悼 슬퍼할 도　憐 가련할 련　恤 무휼할 휼
悵 원망할 창　戀 그리워할 련　羨 부러워할 선　慕 그릴 모
誠 정성 성　僞 거짓 위　敬 공경 경　怠 게으를 태
勇 날랠 용　怯 겁낼 겁　忿 성낼 분　恕 용서할 서
狂 미칠 광　暴 사나울 폭　酷 심할 혹　毒 독할 독
謹 삼갈 근　嚴 엄할 엄　弘 클 홍　裕 넉넉할 유
恬 편안할 념　雅 바를 아　惠 은혜 혜　諒 믿을 량
驚 놀랄 경　疑 의심할 의　猜 시새울 시　妬 시새울 투
端 단정할 단　莊 씩씩할 장　默 묵묵할 묵　訥 말 더듬거릴 눌
頑 완고할 완　傲 거만할 오　夸 자랑할 과　誕 허탄할 탄
謙 겸손할 겸　遜 겸손할 손　愿 삼갈 원　淳 순박할 순
爭 다툴 쟁　鬪 싸울 투　猛 사나울 맹　悍 사나울 한

41일

懶 게으를 라 惰 게으를 타 嬉 노닐 희 娛 즐길 오
敏 민첩할 민 捷 빠를 첩 勸 권할 권 勉 힘쓸 면
荒 거칠 황 淫 음란할 음 驕 교만할 교 妄 망령될 망
貞 곧을 정 淑 맑을 숙 舒 펼 서 坦 평탄할 탄
一 한 일 二 두 이 三 석 삼 四 넉 사
五 다섯 오 六 여섯 륙 七 일곱 칠 八 여덟 팔
九 아홉 구 十 열 십 百 일백 백 千 일천 천
萬 일만 만 億 억 억 雙 두 쌍 匹 짝 필
尋 찾을 심 丈 어른 장 分 나눌 분 寸 마디 촌
毫 터럭 호 釐 다스릴 리 芒 까끄라기 망 忽 갑자기 홀
奇 짝 안 맞을 기 偶 짝 우 幾 몇 기 倍 곱 배
積 쌓을 적 累 여러 루 兩 근량 량 鎰 근반 일

42일

吾 나 오　我 나 아　爾 너 이　汝 너 여
勤 부지런할 근　孜 힘쓸 자　奮 떨칠 분　發 필 발
沿 따를 연　泝 거슬러 올라갈 소　源 근원 원　流 흐를 류
揣 헤아릴 췌　揆 헤아릴 규　本 근본 본　末 끝 말
保 지킬 보　養 기를 양　德 덕행 덕　質 바탕 질
修 닦을 수　飾 꾸밀 식　才 재주 재　能 능할 능
模 본뜰 모　楷 본보기 해　型 모형 형　範 법 범
規 법 규　矩 법도 구　準 바를 준　繩 곧을 승
堯 요임금 요　舜 순임금 순　禹 성씨 우　湯 더운물 탕
孔 구멍 공　孟 맏 맹　顔 낯 안　曾 일찍 증

사의재 시인선 1

사의재에게 아학편을 떼다

1판 1쇄 인쇄일 2016년 10월 5일
1판 1쇄 발행일 2016년 10월 10일

지은이 김재석
펴낸이 신정희
펴낸곳 사의재
출판등록 2015년 11월 9일 제2015-000011호
주소 목포시 용당로 331번길 88, 202동 202호(호반리젠시빌아파트)
전화 010-2108-6562
이메일 dambak7@hanmail.net

ⓒ 김재석, 2016
ISBN 979-11-956731-0-0 03810

지은이와 출판사의 동의 없이 이 책의 내용 중 전체 또는 일부를
인용하거나 발췌하는 것을 금합니다.

값 10,000원